Sayings from the

BHAGVAD GITA

Published by:

NIYOGI
BOOKS

D-78, Okhla Industrial Area, Phase-I
New Delhi-110 020, INDIA
Tel: 91-11-26816301, 26813350, 51, 52

Fax: 91-11-26810483, 26813830

email: niyogibooks@gmail.com
website: www.niyogibooks.com

Design: BrandStewards Pvt. Ltd.

ISBN: 81-89738-08-9

First Edition: 2006
Second Impression: 2007
Third Impression: 2009

Printed at: Niyogi Offset Pvt. Ltd., New Delhi, India

Sayings from the

BHAGVAD GITA

Compiled by
ASHOK DILWALI

NIYOGI
BOOKS

n the Indian epic
ahabharata, the battlefield of
urukshetra holds a very significant
osition. It was here that the mighty warrior
rjuna lost control over his nerves and faced an
onic situation where he had to fight his own blood
lations, mentors and illustrious teachers. Lord Krishna,
e Supreme Godhead in the avatar of Arjuna's charioteer
nderstood his despondency and advised him on what he
ould be doing. During the course of his dialogue Lord Krishna
uched upon many subjects: The dialogue between Lord Krishna
d Arjuna is known as the *Bhagvad Gita*.

This sermon by Lord Krishna is held in the highest esteem by
e Hindus but it would not be wrong to say that this message is
r entire mankind. It may have been delivered in the setting of a
ttlefield but illumined minds have found
very relevant in present times as well.
ur everyday life is marked by despair, sorrows and disappointments
every stage. This message acts as a soothing balm.

The *Bhagavad Gita*, published in at least 2000 editions in
er 70 languages, speaks volumes for its universality of thought
d worldwide appeal. From its 18 chapters containing 640
lokas, I have short-listed some which readily convey
e essence of this great book. To celebrate its wisdom,
ave conducted a humble experiment by combining
e beauty of the celestial message with the
witching beauty of Mother Earth. In my
n little way, I found it very
tisfying to combine
e two.

Ashok Dilwali

So said the
Lord...

क्लैब्यं मा स्म गमः पार्थ नैतत्त्वय्युपपद्यते ।
क्षुद्रं हृदयदौर्बल्यं त्यक्वोत्तिष्ठ ।।

❀

Yield not to unmanliness, Arjuna; this does not
befit you. Shake off this base faint-heartedness.
Stand-up, O Scorcher of Enemies.

❀

हे अर्जुन! नंपुसकता छोड़, तुम्हारे लिए यह उचित जान नहीं पड़ता।
हृदय की दुर्बलता को त्यागकर युद्ध के लिए खड़ा हो जा।

❀

अशोच्यानन्वशोचस्त्वं प्रज्ञावादांश्च भाषसे ।
गतासूनगतासूंश्च नानुशोचन्ति पण्डिताः ।।

❧

Arjuna, do not grieve over those who should not be grieved for. Speak like a wise man; wise men do not sorrow over the dead or the living.

❧

हे अर्जुन! ऐसे मनुष्यों के लिए शोक न कर जिनके प्राण नहीं गए हैं या चले गए हैं, उनके लिए भी पण्डित शोक नहीं करते।

❧

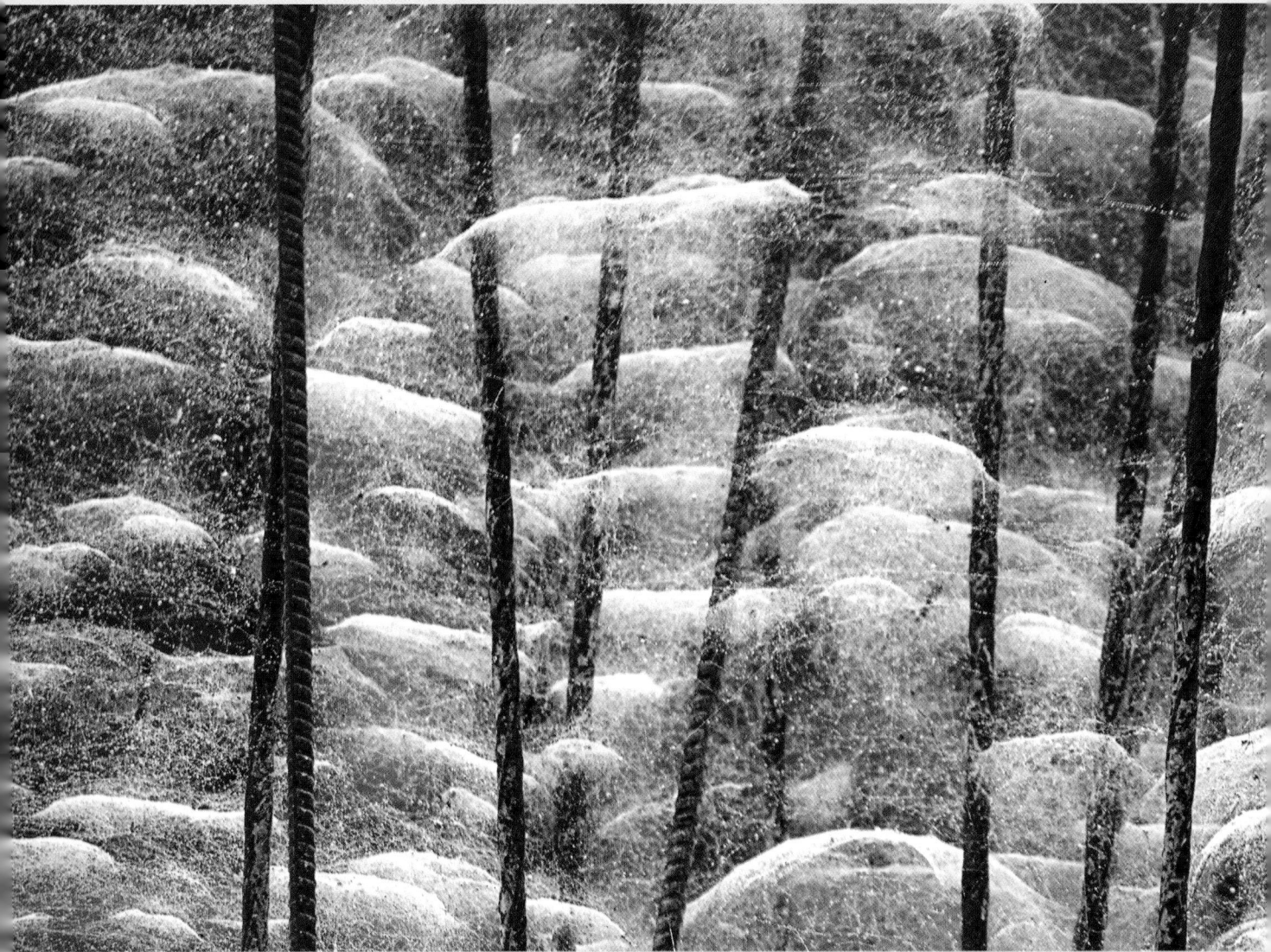

योगस्थः कुरु कर्माणि सङ्गं त्यक्त्वा धनञ्जय।
सिद्ध्यसिद्ध्योः समो भूत्वा समत्वं योग उच्यते।।

✿

Arjuna, you perform your duties as established in Yoga, renounce attachment, and be even-headed in success or failure; evenness of mind is called 'Yoga'.

✿

हे अर्जुन! तू योग में बताए अपने कर्तव्यों का निर्वाह करता जा। आसक्ति को त्याग कर सिद्धि और असिद्धि में समान बुद्धि वाला बन। अपना कर्म कर। पूर्ण होने या न होने तथा उसके फल में समभाव को ही योग कहते हैं।

✿

I & Me

बीजं मां सर्वभूतानां विद्धि पार्थ सनातनम् ।
बुद्धिर्बुद्धिमतामस्मि तेजस्तेजस्विनामहम् ।।

❀

Arjuna, know Me the eternal seed of all beings.
I am the intelligence of the intelligent; I am the
glory of the glorious.

❀

हे अर्जुन! तू सभी भूतों का सूत्रधार मुझे ही मान। मैं बुद्धिमानों की
बुद्धि तथा तेजस्वियों का तेज हूँ।

❀

मत्तः परतरं नान्यत्किञ्चिदस्ति धनञ्जय।
मयि सर्वमिदं प्रोतं सूत्रे मणिगणा इव।।

❀

There is nothing else besides Me, Arjuna. Like
clusters of yarn-beads formed by knots on a thread,
all this is threaded on Me.

❀

हे अर्जुन! मेरे बिना कुछ भी नहीं है। यह संपूर्ण जगत एक सूत्र में
गूंधी गई मणियों की शृंखला है और यह सूत्र मुझमें गूंधा हुआ है।

❀

ये यथा मां प्रपद्यन्ते तांस्तथैव भजाम्यहम्।
मम वर्त्मानुवर्तन्ते मनुष्याः पार्थ सर्वशः।।

❀

Arjuna, men attribute different forms to Me, I also
reveal Myself to them in those very forms, for all
men follow My path in every way.

❀

हे अर्जुन! जो भक्त मेरी पूजा जिस रूप में करते हैं मैं उनको उसी
रूप में दिखाई देता हूँ क्योंकि सभी व्यक्ति सब प्रकार से मेरे ही मार्ग
का अनुसरण करते हैं।

❀

अहं क्रतुरहं यज्ञः स्वधाहमहमौषधम् ।
मन्त्रोऽहमहमेवाज्यमहमग्निरहं हुतम् ।।

🪷

I am the Vedic ritual; I am the sacrifice; I am the offering to the departed; I am the herbage and foodgrains; I am the sacred mantra; I am the clarified butter; I am the sacred fire; and I am verily the act of offering oblations into the fire.

🪷

मैं वेदकाल का क्रतु हूं, यज्ञ मैं हूं, स्वधा मैं हूं, औषधि मैं हूं, मन्त्र मैं हूं, घृत मैं हूं, अग्नि मैं हूं और हवन रूप क्रिया भी मैं ही हूं।

🪷

अहं सर्वस्य प्रभवो मत्तः सर्वं प्रवर्तते ।
इति मत्वा भजन्ते मां बुधा भावसमन्विताः ।।

❀

I am the source of all creation and everything in
the world moves because of Me; knowing thus
the wise, full of devotion, constantly worship Me.

❀

मैं जगत में हर उत्पत्ति का सूत्र हूं। यह जगत मेरे कारण चलता है।
यह जानते हुए बुद्धिमान पूर्ण निष्ठा से निरन्तर मेरी पूजा करते हैं।

❀

सततं कीर्तयन्तो मां यतन्तश्च दृढव्रताः।
नमस्यन्तश्च मां भक्त्या नित्ययुक्ता उपासते।।

❀

Constantly chanting My names and glories and
striving for My realization, and bowing again and
again before Me, such devotees of firm resolve,
united with me through meditation, worship Me
with single-minded devotion.

❀

दृढ़ निश्चयी भक्तजन मेरे नाम और गुणों का गुणगान करते हुए और
मुझे प्राप्त करने की चेष्टा करते हुए मुझे बार-बार प्रणाम करते हैं और
मेरे ध्यान में लीन होकर अनन्य प्रेम से मेरी उपासना करते हैं।

❀

समोऽहं सर्वभूतेषु न मे द्वेष्योऽस्ति न प्रियः।
ये भजन्ति तु मां भक्त्या मयि ते तेषु चाप्यहम्।।

❀

I am equally present in all beings; there is none hateful
or dear to Me. They, however, who devoutly worship
Me abide in Me; and I too stand revealed in them.

❀

मैं सभी भूतों में समभाव से व्याप्त हूं। न कोई मुझे अप्रिय है न ही
मुझे कोई प्रिय है। लेकिन जो भक्त प्रेम से मेरी पूजा करते हैं वे मुझमें
हैं और मैं भी उनमें व्याप्त हूं।

❀

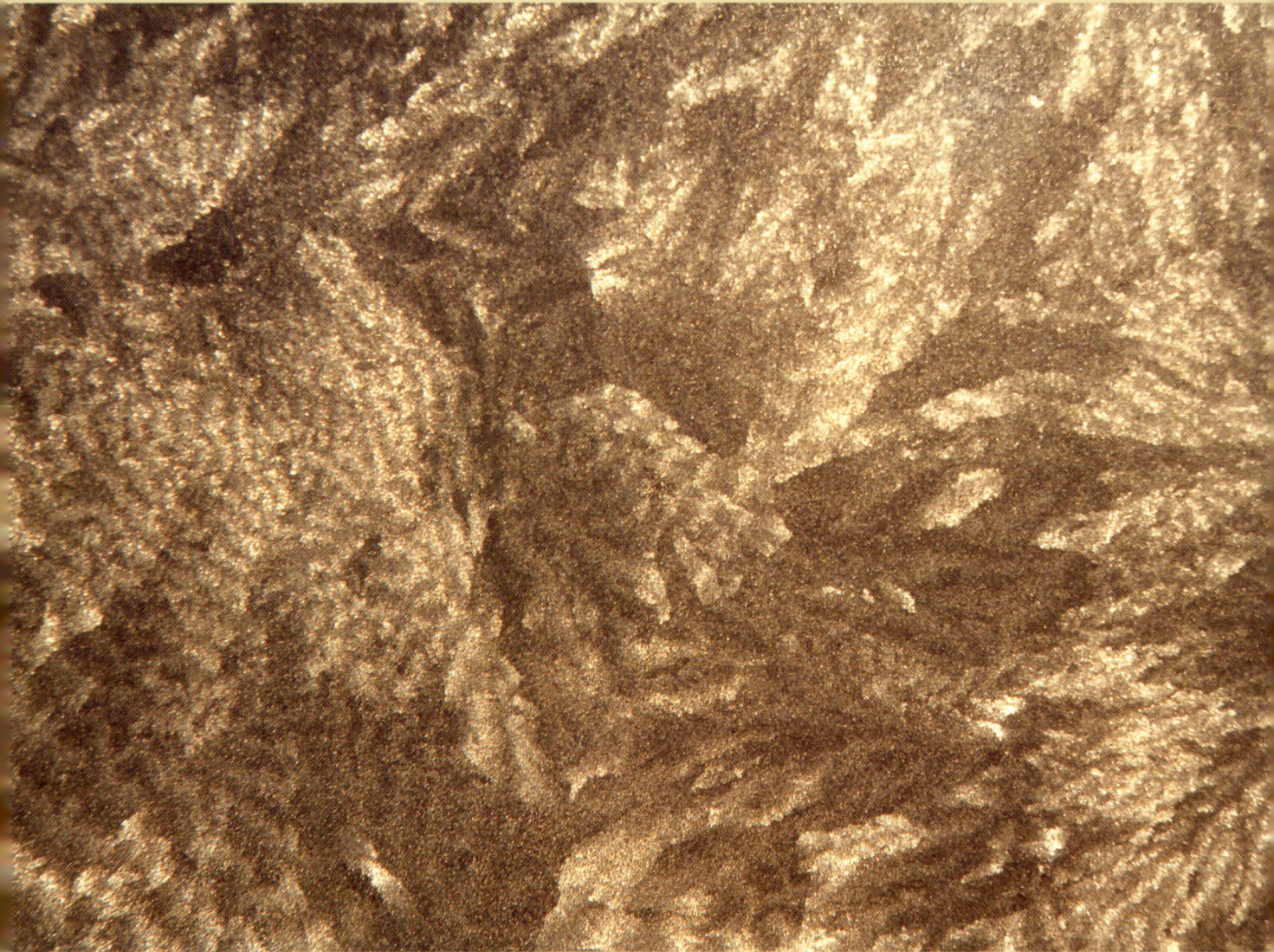

सर्गाणामादिरन्तश्च मध्यं चैवाहमर्जुन ।
अध्यात्मविद्या विद्यानां वादः प्रवदतामहम् ।।

✿

Arjuna, I am the beginning and the middle and the end of all creations. Of all knowledge, I am the knowledge of the soul, (metaphysics); among disputants, I am the right type of reasoning.

✿

हे अर्जुन! मैं सभी सृष्टि का आदि और अन्त हूं। मैं सभी विद्याओं में आध्यात्म-विद्या; सभी आशंकाओं में उचित प्रकार की युक्ति हूं।

✿

अजोऽपि सन्नव्ययात्मा भूतानामीश्वरोऽपि सन्।
प्रकृतिं स्वामधिष्ठाय संभवाम्यात्ममायया।।

❀

My true being is unborn and changeless. I am the
Lord who dwells in every creature. Through the power
of my own maya, I manifest myself in a finite form.

❀

मैं अविनाशी स्वरूप अजन्मा होने पर भी तथा सब भूत प्राणियों का ईश्वर
होने पर भी अपनी प्रकृति को अधीन करके योगमाया से प्रकट होता हूं।

❀

यज्ज्ञात्वा न पुनर्मोहमेवं यास्यसि पाण्डव।
येन भूतान्यशेषेण द्रक्ष्यस्यात्मन्यथो मयि।।

❀

Arjuna, when you have attained enlightenment,
ignorance will not trouble you anymore. In the light
of that knowledge you will see the entire creation first
within your own self, and then in Me.

❀

हे अर्जुन! जिस ज्ञान के द्वारा तू पूर्ण ज्ञान को प्राप्त करेगा
और अज्ञानता फिर कभी तुझे विचलित नहीं करेगी उसी ज्ञान
के रहते तू पहले अपने भीतर सारी संरचना देखेगा और उसके
पश्चात् यह मुझमें दिखाई देगी।

❀

नाहं प्रकाशः सर्वस्य योगमायासमावृतः।
मूढोऽयं नाभिजानाति लोको मामजमव्ययम्।।
वेदाहं समतीतानि वर्तमानानि चार्जुन।
भविष्याणि च भूतानि मां तु वेद न कश्चन।।

❀

Few see through the veil of maya. The world,
deluded, does not know that I am without birth
and changeless. I know everything about the past,
the present, and the future, Arjuna; but there is no
one who knows me completely.

❀

अपनी योग माया से छिपा हुआ मैं सबके प्रत्यक्ष नहीं होता हूं इसलिये यह
अज्ञानी मनुष्य मुझ जन्मरहित अविनाशी परमात्मा को तत्त्व से नहीं जानता
है अर्थात् मेरे को जन्मने-मरने वाला समझता है। हे अर्जुन! पूर्व में व्यतीत
हुए और वर्तमान में स्थित तथा आगे होने-वाले सब भूतों को मैं जानता
हूं परन्तु मेरे को कोई भी श्रद्धा भक्तिरहित पुरुष नहीं जानता है।

❀

The Yogi

तपस्विभ्योऽधिको योगी ज्ञानिभ्योऽपि मतोऽधिकः।
कर्मिभ्यश्चाधिको योगी तस्माद्योगी भवार्जुन।।

❀

Arjuna, become a Yogi as he is superior to the ascetics; he is regarded superior even to those versed in sacred lore. The Yogi is also superior to those who perform action with some vested interest.

❀

तपस्वियों में योगी श्रेष्ठ है, ज्ञानियों में भी उन्हें श्रेष्ठ माना गया है और सकाम कर्म करने वालों में भी योगी ही श्रेष्ठ है। अतः अर्जुन तू योगी बन।

❀

योगिनामपि सर्वेषां मद्गतेनान्तरात्मना।
श्रद्धावान्भजते यो मां स मे युक्ततमो मतः।।

❀

Of all Yogi, again, he who devoutly worships Me
with his mind focussed on Me is considered by
Me to be the best Yogi.

❀

योगियों में वह योगी जो पूर्ण श्रद्धा के साथ अपनी अन्तरात्मा से मेरी
पूजा करता है उस योगी को मैं परम श्रेष्ठ मानता हूँ।

❀

योऽन्तः सुखोऽन्तरारामस्तथान्तर्ज्योतिरेव यः ।
स योगी ब्रह्मनिर्वाणं ब्रह्मभूतोऽधिगच्छति ।।

❀

Pleasures conceived in the world of the senses have a
beginning and an end and give birth to misery, Arjuna.
The wise do not look for happiness in them. But those
who overcome the impulses of lust and anger which
arise in the body are made whole and live in joy.

❀

जो पुरुष निश्चय करके अन्तरात्मा में ही सुख वाला है और आत्मा
में ही आराम वाला है तथा जो आत्मा में ही ज्ञान वाला है ऐसा वह
सच्चिदानन्द धन परब्रह्म परमात्मा के साथ एकीभाव हुआ सांख्य योगी
शान्त ब्रह्म को प्राप्त होता है।

❀

The Soul

न जायते म्रियते वा कदाचि-
न्नायं भूत्वा भविता वा न भूयः।
अजो नित्यः शाश्वतोऽयं पुराणो-
न हन्यते हन्यमाने शरीरे।।

❀

The soul is never born; nor does it ever die; nor does it come into existence only after being born. For it is unborn, eternal, everlasting and primeval; even when the body is slain, the soul remains intact.

❀

आत्मा न कभी जन्म लेती है न ही कभी उसकी मृत्यु होती है। न यह जन्म लेने के पश्चात् अस्तित्व में आती है क्योंकि यह अजन्मा, नित्य, सनातन और पुरातन है। शरीर के मारे जाने पर इसकी मृत्यु नहीं होती।

❀

वासांसि जीर्णानि यथा विहाय
नवानि गृह्णाति नरोऽपराणि।
तथा शरीराणि विहाय जीर्णा-
न्यन्यानि संयाति नवानि देही।।

❀

As a man takes off worn-out clothes and puts on
new ones, so does the embodied soul, casting off
a worn-out body, enter into a new body.

❀

जैसे मनुष्य अपने पुराने वस्त्रों को उतार नये वस्त्र धारण करता है उसी
प्रकार जीवात्मा पुराने शरीर को त्याग कर नये शरीर में प्रवेश करती है।

❀

अच्छेद्योऽयमदाह्योऽयमक्लेद्योऽशोष्य एवं च।
नित्यः सर्वगतः स्थाणुरचलोऽयं सनातनः।।

❋

The Self cannot be pierced or burned, made wet
or dry. It is everlasting and infinite, standing on
the motionless foundations of eternity.

❋

यह आत्मा अच्छेद्य है, यह आत्मा अदाह्य, अक्लेद्य और
निःसन्देह अशोष्य है तथा यह आत्मा नित्य, सर्वव्यापक,
अचल, स्थिर रहने वाला और सनातन है।

❋

नैनं छिन्दन्ति शस्त्राणि नैनं दहति पावकः।
न चैनं क्लेदयन्त्यापो न शोषयति मारुतः।।

❀

Weapons cannot cut the soul; fire cannot burn it;
water cannot wet it; nor can wind dry it.

❀

आत्मा को शस्त्र काट नहीं सकते, आग जला नहीं सकती, जल गला
नहीं सकता और वायु सुखा नहीं सकती।

❀

जातस्य हि ध्रुवो मृत्युर्ध्रुवं जन्म मृतस्य च।
तस्मादपरिहार्येऽर्थे न त्वं शोचितुमर्हसि।।

❀

Those born will certainly die one day and those who die will be reborn inevitably. You should not, therefore, grieve over the inevitable.

❀

जो पैदा हुए हैं उनकी मृत्यु निश्चित है और मरे हुए का जन्म होना ही है। अतः तू ऐसी परिस्थिति में शोक न कर।

❀

यत्र काले त्वनावृत्तिमावृत्तिं चैव योगिनः।
प्रयाता यान्ति तं कालं वक्ष्यामि भरतर्षभ।।

❦

There are two paths, Arjuna, which the soul may
follow at the time of death. One leads to rebirth
and the other to liberation.

❦

हे अर्जुन! जिस काल में शरीर त्यागकर गये हुए योगीजन वापस न आने
वाली गति को और वापस लौटने वाली गति को ही प्राप्त होते हैं उस
काल को मैं मार्ग कहूंगा।

❦

The Sage

यं हि न व्यथयन्त्येते पुरुषं पुरुषर्षभ।
समदुःखसुखं धीरं सोऽमृतत्वाय ह्यकल्पते।।

Arjuna, pain and pleasure are akin to wise men.Those who are not tormented by these contacts, become eligible for immortality.

दुःख-सुख को समान समझने वाला व्यक्ति व्याकुल नहीं होता,
वह मोक्ष के योग्य होता है।

दुःखेष्वनुद्विग्रमनाः सुखेषु विगतस्पृहः ।
वीतरागभयक्रोधः स्थितधीर्मुनिरुच्यते ।।

❀

The saint has control over his mind and remains
unperturbed amid sorrows. He no longer looks
for pleasures and is free from passion, fear and
anger. Such a person is called stable-minded.

❀

सन्तों को दुःखी होने पर उद्वेग नहीं होता, सुखों की प्राप्ति उन्हें आनन्दित
नहीं करती तथा जिसके राग, भय और क्रोध नष्ट हो गए हैं ऐसे मुनि
को स्थिर बुद्धि कहा जाता है ।

❀

न बुद्धिभेदं जनयेदज्ञानां कर्मसङ्गिनाम्।
जोषयेत्सर्वकर्माणि विद्वान्युक्तः समाचरन्।।

❀

A wise man who has established union with God while performing his duties should not create doubts in the mind of the ignorant, but should get them to perform all their duties, duly performing his own.

❀

ज्ञानी पुरुष को चाहिए कि वह शास्त्र में बताए गए कर्मों में आसक्ति वाले अज्ञानियों की बुद्धि में भ्रम अर्थात् कर्मों में अश्रद्धा उत्पन्न न करे और परमात्मा के स्वरूप में आस्था बनाए रखे। किन्तु वह स्वयं शास्त्रविहित समस्त कर्म भली-भांति करता हुआ अन्य से भी वैसे ही कर्म करवाए।

❀

धूमेनाव्रियते वह्निर्यथादर्शो मलेन च।
यथाल्बेनावृतो गर्भस्तथा तेनेदमावृतम्।।

❀

As fire is covered by smoke, mirror by dust, and
embryo by amnion, so is knowledge covered by desire.

❀

जिस प्रकार अग्नि पर धुआँ छा जाता है, दर्पण को मिट्टी ढक
लेती है और जिस प्रकार जेर से गर्भ ढका रहता है वैसे ही
कामना से ज्ञान ढका रहता है।

❀

कर्मण्येवाधिकारस्ते मा फलेषु कदाचन।
मा कर्मफलहेतुर्भुर्मा ते सङ्गोऽस्त्वकर्मणि।।

❀

You have the right to action, but never to the reward of action. You should never engage in action for the sake of reward, nor should you long for inaction.

❀

तेरा कर्म करने मात्र में ही अधिकार है फल में कभी नहीं और तू कर्मों के फल की वासना वाला भी मत हो तथा कर्म न करने में भी तेरी प्रीति न होवे।

❀

दूरेण ह्यवरं कर्म बुद्धियोगाद्धनंजय।
बुद्धौ शरणमन्विच्छ कृपणाः फलहेतवः।।

❀

Seek refuge in the attitude of detachment and you will amass the wealth of spiritual awareness. Those who are motivated only by desire for the fruits of action are miserable, for they are constantly anxious about the results of what they do.

❀

बुद्धि योग से सकाम कर्म अन्यन्त तुच्छ है इसलिये हे धनंजय! समत्वबुद्धि योग का आश्रय ग्रहण कर क्योंकि फल की वासना वाले अत्यन्त दीन हैं।

❀

नियतं कुरू कर्म त्वं कर्म ज्यायो ह्यकर्मणः ।
शरीरयात्रापि च ते न प्रसिद्ध्येदकर्मणः ।।

❀

Fulfill all your duties; action is better than inaction.
Even to maintain your body, Arjuna, you are obliged
to act. Selfish action imprisons the world. Act
selflessly, without any thought of personal gain.

❀

तू शास्त्रविधि से नियत किये हुए स्वधर्म रूप कर्म को कर
क्योंकि न करने की अपेक्षा कर्म करना श्रेष्ठ है तथा कर्म न
करने से तेरा शरीर निर्वाह भी नहीं सिद्ध होगा ।

❀

इन्द्रियाणि मनो बुद्धिरस्याधिष्ठानमुच्यते।
एतैर्विमोहयत्येष ज्ञानमावृत्य देहिनम्।।
तस्मात्त्वमिन्द्रियाण्यादौ नियम्य भरतर्षभ।
पाप्मानं प्रजहि ह्येनं ज्ञानविज्ञाननाशनम्।।

❀

Selfish desire is found in the senses, mind, and
intellect, misleading them and burying the
understanding in delusion. Fight with all your strength,
Arjuna. Controlling your senses, conquer your enemy,
the destroyer of knowledge and realization.

❀

इन्द्रियां मन और बुद्धि इसके वासस्थान कहे जाते हैं और यह काम इन
मन, बुद्धि और इन्द्रियों द्वारा ही ज्ञान को आच्छांदित करके इस जीवात्मा
को मोहित करता है।
इसलिये हे अर्जुन! तू पहले इन्द्रियों को वश में करके ज्ञान और विज्ञान
को नाश करने वाले इस काम पापी को निश्चयपूर्वक मार।

❀

तानि सर्वाणि संयम्य युक्त आसीत मत्परः।
वशे हि यस्येन्द्रियाणि तस्य प्रज्ञा प्रतिष्ठिता।।

❁

They live in wisdom who subdue their senses and
keep their minds ever absorbed in me.

❁

जो संपूर्ण इन्द्रियों को वश में करके बुद्धि से कार्य करते हैं,
वे मुझ में लीन रहते हैं, क्योंकि जिस पुरुष की इन्द्रियां वश
में होती है उसकी ही बुद्धि स्थिर होती है।

❁

अनाश्रितः कर्मफल कार्यंकर्म करोति यः।
स संन्यासी च योगी च न निरग्निर्न चाक्रियः।।

❀

It is not those who lack energy or refrain from
action, but those who work without expectation
of reward who attain the goal of meditation.
Their's is true renunciation.

❀

जो पुरुष कर्म के फल को न चाहता हुआ करने योग्य कर्म करता
है वह संन्यासी और योगी है और केवल अग्नि त्यागने वाला
संन्यासी योगी नहीं है तथा केवल क्रियाओं को त्यागने वाला भी
संन्यासी योगी नहीं है।

❀

नासतो विद्यते भावो नाभावो विद्यते सतः।
उभयोरपि दृष्टोऽन्तस्त्वनयोस्तत्त्वदर्शिभिः।।

❀

That, which is not Real has no existence, and the
Real never ceases to be; the reality of both has
thus been perceived by the seers of Truth.

❀

असत्य का कोई अस्तित्व नहीं होता, सत्य का अस्तित्व कभी समाप्त
नहीं होता। विद्वानों ने इन दोनों सत्यों को पहचाना है।

❀

अपि चेदसि पापेभ्यः सर्वेभ्यः पापकृत्तमः।
सर्वं ज्ञानप्लवेनैव वृजिनं सन्तरिष्यसि।।

❀

Attain knowledge, as that alone can take you,
the most sinful of all sinners, like a raft, across
all your sins.

❀

यदि तू अन्य सभी पापियों से अधिक पाप करने वाला है तो भी
तू ज्ञान रूपी नौका द्वारा निःसंदेह सम्पूर्ण पापरूपी समुद्र से
भली-भाँति निकल जाएगा।

❀

न कर्मणामनारम्भान्नैष्कर्म्यं पुरूषोऽश्नुते।
न च संन्यसनादेव सिद्धिं समधिगच्छति।।

He who shirks action does not attain freedom; no one can gain perfection by abstaining from work.

मनुष्य न तो कर्मों के न करने से निष्कर्मता अर्थात् योग निष्ठा को और न ही सिद्धि अर्थात् सांख्य निष्ठा को प्राप्त होता है।

इन्द्रियाणां हि चरतां यन्मनोऽनु विधीयते।
तदस्य हरति प्रज्ञां वायुर्नावमिवाम्भसि।।

❀

When you let your mind follow the call of the senses, they carry away your better judgement as a storm carries away a ship at sea.

❀

क्योंकि जल में वायु नाव को जैसे हर लेता है वैसे ही विषयों में विचरती हुई इन्द्रियों के बीच में जिस इन्द्रिय के साथ मन रहता है वह एक ही इन्द्रिय इस अयुक्त पुरुष की बुद्धि का हरण कर लेती है।

❀

क्रोधाद्भवति सम्मोहः सम्मोहात्स्मृतिविभ्रमः।
स्मृतिभ्रंशाद् बुद्धिनाशो बुद्धिनाशात्प्रणश्यति।।

❀

Anger causes attraction; attraction creates confusion
in thoughts; from confusion in thoughts follows
loss of reason; and from loss of reason one plunges
into complete ruin.

❀

क्रोध से मूढ़भाव उत्पन्न होता है। मूढ़भाव से विचारों में भ्रम पैदा होता
है और भ्रम से ज्ञान शक्ति का नाश होता है। जब विवेक समाप्त हो
जाए तो मनुष्य पूरी तरह नष्ट होने की स्थिति में आ जाता है।

❀

नास्ति बुद्धिरयुक्तस्य न चायुक्तस्य भावना।
न चाभावयतः शान्तिरशान्तस्य कुतः सुखम्।।

❀

He who has not controlled his mind and cannot
rightly determine his duties is indisciplined and
hence, cannot think of God. Such an ignorant man
can have no peace; and he who does not have
peace of mind, cannot be happy.

❀

जो अपनी इन्द्रियों पर नियंत्रण नहीं कर पाता तथा अपने कर्त्तव्यों का
निर्धारण नहीं कर पाता तथा जिसके मस्तिष्क में शान्ति नहीं होती;
वह ईश्वर को प्राप्त नहीं कर सकता और कभी सुखी नहीं हो सकता।

❀

विहाय कामान्यः सर्वान्पुमांश्चरति निःस्पृहः ।
निर्ममो निरहङ्कारः स शान्तिमधिगच्छति ।।

❀

He who has no cravings, and moves free from all
relationships, egoism and thirst for enjoyment,
attains peace.

❀

जो पुरुष अपनी सभी कामनाओं का त्याग कर ममता रहित, अहंकार
रहित और लालसा से विमुख होता है वही शान्ति प्राप्त कर सकता है ।

❀

भोगैश्वर्यप्रसक्तानां तयापहृतचेतसाम् ।
व्यवसायात्मिका बुद्धिः समाधौ न विधीयते ।।

❀

Those whose minds are swept away by the pursuit
of pleasure and power are incapable of following
the supreme goal and will not attain samadhi.

❀

उस वाणी द्वारा हरे हुए चित्त वाले तथा भोग और ऐश्वर्य में आसक्ति
वाले उन पुरुषों के अन्तःकरण में निश्चय ही बुद्धि नहीं होती है।

❀

यथा दीपो निवातस्थो नेङ्गते सोपमा स्मृता।
योगिनो यतचित्तस्य युञ्जतो योगमात्मनः।।

❀

As a flame does not flicker where there is no wind, such is the state of the disciplined mind of the Yogi contemplating God.

❀

जिस प्रकार वायु रहित स्थान में दीप की लौ विचलित नहीं होती वैसे ही परमात्मा के ध्यान में लगे योगी के अनुशासित मस्तिष्क पर प्रभाव नहीं डालती।

❀

The Sanyasi

अद्वेष्टा सर्वभूतानां मैत्रः करूण एव च।
निर्ममो निरहंकारः समदुःखसुखः क्षमी।।
संतुष्टः सततं योगी यतात्मा दृढनिश्चयः।
मय्यर्पितमनोबुद्धिर्यो मद्भक्तः स मे प्रियः।।

❀

That one I love who is incapable of ill will, who is friendly
and compassionate. Living beyond the reach of I and
Mine and of pleasure and pain, patient, contented, self-
controlled, firm in faith, with all his heart and all his mind
given to me—with such one I am in love.

❀

जो सब भूतों में द्वेष भाव से रहित एवं स्वार्थरहित सबका प्रेमी और हेतुरहित दयालु है तथा
ममता से रहित एवं अहंकार से रहित सुख दुःखों की प्राप्ति में सम क्षमावान है अर्थात् अपराध
करने वाले को भी अभय दान देने वाला है। जो ध्यान योग में युक्त हुआ निरन्तर लाभ
हानि में संतुष्ट है तथा मन और इन्द्रियों सहित शरीर को वश में किये हुए मेरे में दृढ़ निश्चय
वाला है वह मेरे में अर्पण किये हुए मन बुद्धि वाला मेरा भक्त मेरे को प्रिय है।

❀

कर्मणः सुकृतस्याहुः सात्त्विकं निर्मलं फलम्।
रजसस्तु फलं दुःखमज्ञानं तमसः फलम्।।

❀

The fruit of good deeds is pure and sattvic. The fruit of rajas is suffering. The fruit of tamas is ignorance and insensitivity.

❀

सात्त्विक कर्म का तो सात्त्विक अर्थात् सुख ज्ञान और वैराग्यादि निर्मल फल कहा है और राजस कर्म का फल दुःख एवं तामस कर्म का फल अज्ञान कहा है।

❀

काम्यानां कर्मणां न्यासं संन्यासं कवयो विदुः।
सर्वकर्मफलत्यागं प्राहुस्त्यागं विचक्षणाः।।

❁

To refrain from selfish acts is one kind of
renunciation called sanyasa; to renounce the fruit
of action is another called tyaga.

❁

ज्ञानीजन तो कर्मों के त्याग को संन्यास समझते हैं तथा दूसरे
विचारकुशल पुरुष सब कर्मों के फल के त्याग को त्यागी कहते हैं।

❁

तच्च संस्मृत्य संस्मृत्य रूपमत्यभ्दुतं हरेः ।
विस्मयो मे महान् राजन्हृष्यामि च पुनः पुनः ।।
राजन्संमृत्य संस्मृत्य संवादमिममभ्दुतम् ।
केशवार्जुनयोः पुण्यं हृष्यामि च मुहुर्मुहुः ।।

❧

Whenever I remember these wonderful, holy words
between Krishna and Arjuna. I am filled with joy. And
when I remember the breathtaking form of Krishna,
I am filled with wonder and my joy overflows.

❧

श्रीकृष्ण और अर्जुन के इस रहस्य युक्त कल्याण कारक और अद्भुत
संवाद को पुनः पुनः स्मरण करके मैं बारम्बार हर्षित होता हूं।

❧

List of photographs